AF562158

PAS D'ANNEXION

Bruxelles. — Typ. de A. Lacroix, Van Meenen et Cie, rue de la Putterie, 33.

PAS D'ANNEXION!

PAR

JÉROME LAMBERT

« S'offenser de la proclamation légitime d'un droit, c'est avouer l'intention de le violer. »

BRUXELLES

A. LACROIX, VAN MEENEN ET Cie, IMPRIMEURS-ÉDITEURS

RUE DE LA PUTTERIE, 33

1860

PAS D'ANNEXION

S'il y a souvent du danger à parler, il y en a parfois plus encore à se taire; c'est dans cette situation que se trouve aujourd'hui notre pays. Depuis plusieurs années se sont passés autour de nous des faits graves; mais, forts de notre neutralité, nous avons cru ne pas devoir nous en émouvoir outre mesure, et nous avons continué paisiblement l'œuvre de progrès pacifique que nous poursuivons depuis tantôt trente ans. Certes les événements qui ont troublé l'Europe depuis dix ou douze années ne nous ont pas laissés indifférents, bien loin de là; mais ils ne nous ont pas inspirés de craintes pour nous-mêmes, car, tout en sachant d'où seulement pouvait venir le danger, nous ne croyions pas au danger; tout en n'ignorant pas quel était le seul abîme où pouvait s'engloutir notre nationalité, nous étions convaincus qu'il suffisait de notre sagesse pour éviter cet abîme, et nous marchions le front haut, avec ce calme qui procède, chez les nations comme chez individus, d'une conscience pure, et qui défie les coups de l'adversité.

Nous nous étions trompés et, tandis qu'il en est temps encore, le bandeau qui couvrait notre vue est tombé. Naguère nous vivions calmes, et celui qui eût osé parler du danger eût pu sembler vouloir le faire naître; aujourd'hui le cri d'alarme a retenti partout et l'imprudence d'hier est devenue un devoir désormais; l'heure est venue, non plus de garder un silence devenu dangereux, mais de protester hautement contre tout ce qui pourrait tendre à faire mettre en suspicion notre patriotisme. En effet, notre attitude calme a été mal interprétée en Angleterre, où l'on a cru y voir de l'apathie politique; en France on a cru y voir pis encore, c'est à dire de la peur.

Peur de quoi? demanderont certains endormeurs; la Belgique est-elle menacée d'une manière quelconque? Et d'ailleurs son intégrité n'est-elle pas garantie par les traités?

Pour les traités, nous savons ce qu'ils valent; basés sur un droit conventionnel et toujours tôt ou tard méconnu, ils durent autant que les circonstances auxquelles ils doivent leur existence; ce n'est donc pas sur eux qu'il faut asseoir l'inviolabilité de la Belgique; quant aux menaces, elles n'existent généralement qu'à l'état de moyen comminatoire et parlent moins haut, surtout en politique, que des tendances avérées, comme les protestations et les serments les plus solennels parlent moins haut, à leur tour, que les faits accomplis. Rappelons-nous bien qu'en politique la question d'intérêt prime toutes les autres, et que si la sincérité joue un rôle dans la science de la diplomatie, c'est celui d'une victime éternelle de la duplicité.

Ce n'est donc pas l'absence de menaces directes qui peut nous donner la tranquillité, et, soit qu'elles se produisent ou non, le pays est profondément troublé, parce qu'il a la conviction qu'un danger menace aujourd'hui tous les pays que leurs institutions libérales ou leur position géographique rendent un obstacle à l'œuvre ténébreuse du despotisme; en supposant même qu'il ne fallût pas aller chercher aussi loin la cause de nos appréhensions, il suffirait pour les faire naître, de voir avec qu'elle facilité les nationalités disparaissent ou se modifient de nos jours.

Sous ce dernier rapport, l'annexion de la Savoie et du comté de Nice à la France, constitue entre autres enseignements, l'un des plus sérieux qui puissent être offerts à nos méditations. Remarquons bien que la France ne doit cet accroissement de territoire ni à la force, ni à la violence, « mais à l'amitié, la reconnaissance « d'un souverain, et l'élan spontané, unanime des popula-« tions (1). »

Le rapport auquel nous empruntons cette affirmation, dit encore : « La politique impériale n'a pas été guidée par une pen-« sée d'ambition, *mais par la prévoyance; pas pour pour-« suivre une conquête, mais pour rechercher une garantie.* »

La question n'est pas de savoir s'il faut ici croire ou ne pas croire au langage officiel; en le prenant au pied de la lettre, nous y voyons déjà une menace clairement exprimée, quoique enduite du miel diplomatique. Nous n'avons pas besoin de nous demander si la politique impériale est guidée par des mobiles d'ambition, quand on nous dit que c'est une affaire de *prévoyance;* cela nous semble déjà suffisamment dangereux.

En effet, si l'esprit de prévoyance exige que deux provinces piémontaises s'offrent en sacrifice au besoin de garanties qu'éprouve la France, qui nous dit que demain la Belgique ne sera pas appelée à sacrifier à son tour, sa nationalité à la première grande puissance qui croirait utile de se l'annexer? Loin de nous la pensée qu'il se trouve en Belgique des Savoyards prêts à renier les dieux de la patrie; mais nous avons la triste conviction que, dans une situation donnée, créée par un ensemble de circonstances fatales, un pays peut devenir la proie d'une conquête opérée, non par la force des armes, mais par celles des intrigues politiques. En veut-on la preuve? Il suffira de jeter un regard sur l'histoire de la Belgique elle-même, et l'on verra par des faits qui ne datent pas de longtemps qu'il y a quelque chose de plus dangereux que le fer de l'étranger : ce sont ses perfidies.

(1) Rapport de M. Thouvenel (*Moniteur Universel,* 12 juin 1860).

Qu'il nous soit donc permis de rappeler les faits qui ont précédé et accompagné l'annexion de la Belgique à la première république française, nous y verrons par quels moyens on est parvenu, en 1792, à asservir notre pays, sous prétexte de lui apporter la liberté. Certes, ce n'est plus aujourd'hui que l'on pourrait invoquer un pareil prétexte, car l'Europe continentale tout entière pourrait venir, au contraire, apprendre chez nous ce que c'est que la liberté; mais abstraction faite des causes secondaires et momentanées, toutes les époques se ressemblent, et dès que le résultat à atteindre est le même, qu'importe la diversité des moyens?

L'expédition de Dumouriez avait pour but ostensible d'arracher la Belgique au joug autrichien; aussi ce général dit-il, dans sa proclamation : « J'ai promis au peuple belge, au nom de la révo-
« lution française, d'assurer son indépendance et de la rétablir
« dans l'exercice de sa souveraineté..... C'est alors que la répu-
« blique française, actuellement votre aînée, pourra devenir votre
« alliée; enfin je vous le déclare, le peuple français ne veut traiter
« avec le peuple belge que de souverain à souverain. *Il ne recon-*
« *naîtra jamais que les agents que vous vous serez librement*
« *choisis; jamais il ne traitera qu'avec eux seuls.* »

Chacune de ces paroles devait recevoir des faits le démenti le plus éclatant. Que Dumouriez fût ou non de bonne foi, peu importe; c'était un général de la république française, qui apportait à la Belgique la liberté, et la Belgique ne reçut de la république française, que la honte, la misère et l'oppression.

Confiants en Dumouriez, les habitants des principales villes belges nommèrent des représentants provisoires et les chargèrent d'aller demander à la Convention de consacrer officiellement cette liberté si généreusement offerte; le 4 décembre 1792, les députés de la nation belge comparurent à la barre de l'assemblée française pour y exprimer le vœu de leurs concitoyens; le président Barrère leur répondit : « Qu'ils n'en devaient point douter; que
« c'étaient les Français qui, les premiers, avaient proclamé le

« dogme de la souveraineté des peuples, mais qu'il ne pouvait « cependant leur dissimuler *que les Belges étaient encore asservis* « *à certains préjugés qui pouvaient être dangereux pour la* « *liberté.* » Il y a dans cette réponse une réserve adroite qui détruit complétement l'engagement moral qui la précède; nous ne tarderons pas à voir la Convention user de prévoyance et prendre ses garanties contre les préjugés des Belges en leur enlevant cette liberté qu'ils pourraient compromettre.

Au même temps, Gensonné, l'un des membres les plus influents de la Gironde, écrivait au citoyen Malou, député d'Ypres, « que « la majorité de la Convention se réunirait au principe de la sou- « veraineté du peuple, tel que Barrère l'avait développé dans sa « réponse; que les Français étaient les frères des Belges, et non « leurs souverains, etc., etc., (1). »

Il est évident que l'un ou l'autre outrageaient indignement la vérité en protestant de leur respect pour les droits du peuple belge; en effet, le 15 du même mois, la Convention rendait un décret où ces droits étaient complétement méconnus. Ce fut Cambon qui provoqua ce décret par un discours où son plan se trouvait suffisamment tracé; il fallait s'emparer du numéraire de la Belgique pour pouvoir continuer la guerre contre l'Autriche, et mettre par le suffrage universel, le pays aux mains de la démagogie pour l'amener à se donner à la république en demandant lui-même l'annexion. Cambon disait lui-même « que lorsqu'on aurait ruiné ce pays-là, quand on l'aurait mis au même point de détresse que la France, il fallait bien que les Belges en vinssent à la réunion (2). » Ce décret, qui occasionna une explosion d'indignation en Belgique, *imposait* aux Belges la liberté, l'égalité et la fraternité; il abolissait en Belgique tous les impôts, de quelque nature qu'ils fussent et supprimait toutes les autorités existantes, convo-

(1) BORGNET, *Histoire des Belges à la fin du* XVIIIe *siècle.*

(2) DE BARANTE. *Histoire de la Convention,* livre V.

quant le peuple à l'élection d'administrateurs provisoires. Tout prêtre, noble, ancien fonctionnaire, privilégié ou membre d'une corporation quelconque (c'est à dire bourgeois) était exclu de l'éligibilité. Les biens meubles et immeubles appartenant au fisc, au prince, à ses fauteurs, adhérents et satellites volontaires, aux établissements publics, aux corps et communautés laïques et religieuses, devaient être mis sous la sauvegarde et protection de la république française; la surveillance et la régie de ces biens incombait à l'administration provisoire à nommer par le peuple; cette dernière avait aussi le droit d'établir des contributions « pourvu qu'elles ne fussent pas supportées par la partie indi- « gente et laborieuse du peuple. » Dès que cette administration serait organisée, la Convention devait envoyer des commissaires pris dans son sein, pour aller *fraterniser* avec elle. Le conseil exécutif devait nommer aussi des commissaires nationaux qui se rendraient de suite sur les lieux, pour se concerter avec les administrations provisoires sur les mesures à prendre pour la défense commune et sur les moyens à employer pour se procurer les habillements, les subsistances nécessaires aux armées de la république, et pour acquitter les dépenses qu'elles avaient faites pendant leur séjour sur le territoire belge. Les commissaires devaient rendre compte de leurs opérations tous les quinze jours. Enfin, un dernier article portait que « l'administration provisoire nommée par le peuple, et les fonctions des commissaires nationaux, cesseraient dès que les habitants, après avoir déclaré la souveraineté du peuple, la liberté et l'indépendance, auraient organisé une forme de gouvernement libre et populaire (1). »

Ce décret livrait directement l'administration de la Belgique à la populace, cet instrument docile des passions révolutionnaires comme des doctrines du despotisme; il livrait en même temps à la France épuisée les trésors de tous les corps et communautés

(1) Borgnet. *Histoire des Belges à la fin du* XVIIIe *siècle.*

belges, tandis que la suppression des impôts paralysait toutes les administrations du pays, qui eussent pu être un obstacle sérieux à l'annexion.

Les quatre commissaires qui avaient suivi déjà l'expédition de Dumouriez, revinrent en Belgique avec deux autres, afin d'y assurer l'exécution du décret du 15 décembre; ils étaient accompagnés, en outre, de trente commissaires nationaux choisis par le pouvoir exécutif dans les basses classes du jacobinisme (1). « Ces ignobles « proconsuls, » ajoute l'ouvrage auquel nous empruntons ces détails, « se partagèrent notre malheureuse patrie, et en même « temps qu'ils forçaient, à coups de sabre et de fusil, les habi- « tants à demander leur agrégation à la république française, ils « dépouillaient les églises, ruinaient les châteaux, pillaient les « caisses, vendaient à l'enchère les meubles de tous ceux qui leur « portaient ombrage, et qu'ils désignaient, suivant la coutume du « temps, sous le titre d'*aristocrates*, envoyaient enfin, comme « otage, à Lille et à Valenciennes, des pères de famille, des vieil- « lards, des femmes et des enfants. Renfermé dans le palais de « Liége, Dumouriez écrivait lettres sur lettres au pouvoir exécu- « tif pour demander la révocation du décret du 15, disant que « cette fatale mesure démoralisait ses soldats, mécontentait les « Belges et menaçait l'armée d'être dévorée par une insurrection. « Ne recevant pas de réponse satisfaisante, le général envoya de « Liége une proclamation pour engager les Belges à tenir bien « vite leurs assemblées primaires, et à former sur-le-champ une « *assemblée constituante*, parce que, dans un article du décret « du 15, il était dit que le séquestre cesserait dès que la nation « aurait une représentation. Cette proclamation causa une véri- « table frayeur aux commissaires; ils sentirent que cette nomina- « tion des assemblées primaires; en réintégrant les Belges dans « leur liberté, ferait lever tous les séquestres, et les priverait du

(1) Th. Juste. *Histoire de la Belgique*, t. II, page 354.

« maniement des deniers, et surtout de la spoliation des églises.
« Aussi prirent-ils une détermination énergique et décisive; ils
« retardèrent d'abord l'impression de la proclamation du général,
« puis ils s'opposèrent à son exécution et empêchèrent ainsi la
« tenue des assemblées primaires et de la Convention nationale de
« Belgique. »

Si l'on veut voir jusqu'où allait l'hypocrisie de ces commissaires de la Convention, il faut lire leurs proclamations au peuple belge, où le lyrisme le plus touchant sert à voiler les indignes menées de ces satellites du despotisme de tous par tous; nous ne citerons qu'une de ces pièces pour en donner une idée; c'est celle qu'ils adressèrent, le 29 janvier 1793, aux administrateurs provisoires de la ville *libre* de Bruxelles.

« Les commissaires nationaux du pouvoir exécutif de la nation
« française, aux citoyens composant l'administration provisoire
« de la ville libre de Bruxelles.

« Citoyens administrateurs,

« En vertu de l'art. 7 du décret de la Convention nationale de
« France, en date du 15 décembre dernier, le conseil exécutif pro-
« visoire de la nation française nous a nommés les commissaires
« nationaux, revêtus de tous pouvoirs à l'effet de procéder à
« l'exécution entière et absolue de ce même décret dans les
« arrondissements de Bruxelles, Louvain, Nivelles et Tirlemont.

« En conséquence nous vous notifions, au nom de la république
« française, que nous sommes à notre poste, et que nous nous
« disposons à nous concerter avec le général Moreton et vous,
« citoyens membres de l'administration provisoire de la ville
« libre de Bruxelles, sur les mesures à prendre pour la défense
« commune, et sur les ressources à mettre en usage pour conso-
« lider dans cette partie de la Belgique, d'une manière indestruc-
« tible, le superbe édifice de la liberté et de l'égalité.

« Déjà votre dévouement à l'intérêt général a dû vous faire
« suivre et exécuter le plus strictement possible l'esprit, tout
« l'esprit du décret en question. Sans doute, avec une plus
« grande habitude des opérations révolutionnaires, vous eussiez
« fait quelques pas de plus dans cette carrière assurément diffi-
« cile, mais en même temps glorieuse, puisque son terme offre à
« l'amour courageux de la vraie, de la seule liberté (celle fondée
« sur l'égalité) le bonheur immuable de la société présente et des
« générations qui lui succéderont.

« Peut-être des considérations trop légèrement écoutées par
« une partie d'entre vous ont-elles nui aux progrès nécessaires de
« l'indispensable propagation des droits sacrés de l'homme et de
« l'humanité? Peut-être quelques surprises faites au courage
« imperturbable de vrais républicains, ont-elles entravé la
« marche de ceux qui étaient les plus invinciblement entraînés
« dans la pente un peu escarpée, il est vrai, du sentier de la
« liberté; de cette sainte liberté, dont le cri se fait entendre éga-
« lement et sans remords à tous les êtres créés; de cette liberté,
« fille du ciel, et pour la possession de laquelle, l'Être-Suprême
« nous a placés sur ce globe, trop longtemps livré à la cupidité, à
« l'ambition et à la tyrannie des despotes, et de leurs satrapes.

« Mais enfin, citoyens administrateurs de la ville libre de
« Bruxelles, nous arrivons vers vous, forts de l'expérience de
« quatre années d'exercice dans les pénibles fonctions d'hommes
« libres et républicains. Nous venons à vous avec la certitude
« que les efforts de la nation française, pour opérer sans retour
« votre délivrance des fers de l'Autriche, et des entraves de
« quelques préjugés destructeurs de la félicité de l'espèce
« humaine, doivent nous donner d'un accueil fraternel de la
« part des vrais amis de la liberté Belgique. Nous vous abordons
« avec amitié dans la conviction intime que vous ne rejetterez
« pas les conseils d'un peuple, votre frère, qui vous a donné,
« au prix de son sang, la preuve de l'attachement le plus vif a

« vos vrais intérêts; d'un peuple qui est encore prêt à partager « tous les dangers qui vous entourent et qui exposeraient votre « bonheur et votre liberté, si vous écoutiez les suggestions per- « fides ou les insinuations dangereuses et empoisonnées des « ennemis du seul sentiment digne d'hommes généreux, la « liberté ou la mort. »

(Signé) « GOUGET, DESLANDES, PUBLICOLA-CHAUSSARD, ROBERT. »

Plaçons à côté de cette emphatique déclamation le rapport adressé le jour suivant, au ministre des Affaires Étrangères de la république par ce même Publicola-Chaussard; nous y verrons briller dans toute sa candeur le cynisme qui se couvre, du moins, dans la pièce que l'on vient de lire, des dehors du républicanisme le plus pur.

« Arrivés à Bruxelles, » dit-il, « nous avons eu des confé- « rences avec le général Moreton, les commissaires et les agents « de la république... Toutes ces personnes s'accordèrent pour « nous peindre l'administration provisoire comme composée d'une « majorité opposée au décret du 15 décembre. La preuve en est « dans une protestation qu'elle a depuis biffée de ses registres; « elle l'a effacée, il est vrai, mais les principes qui l'avaient « inspirée étaient trop profondément gravés dans les cœurs...

« Ces considérations nous avaient d'abord déterminés à casser « l'administration et à frapper par ce coup hardi, qui convient « à un pouvoir révolutionnaire, les factions et à les altérer par « l'épouvante.

« Une commission provisoire nommée par nous, perpétuelle- « ment sous notre main et sous notre influence, eût remplacé « aussitôt l'administration, et correspondu à nos mouvements « pendant la formation des assemblées primaires.

« Mais..... malgré l'incivisme de cette administration..., il

« n'existait pas d'acte *matériellement* anti-révolutionnaire, en
« vertu duquel on pût la casser comme celle de Louvain.

« Nous avons résolu alors de paraître stationnaires et d'attendre
« le vent des événements.

. . . .

« Il faut recommencer ici tous les moyens employés à Paris
« pour enfanter une révolution. *Il faut faire planer la terreur*
« *sur la tête des dissidents... C'est ici le cas d'opérer plus avec*
« *ce dont l'on menace qu'avec ce que l'on exécute.* »

Comme on le voit par ce document, les paroles insidieuses de la proclamation envoyée la veille aux administrateurs provisoires de la ville *libre* de Bruxelles n'étaient qu'un piége, et la terreur dont Chaussard veut se servir comme d'un moyen efficace d'appliquer le décret du 15 décembre, a déjà commencé à régner, puisqu'il constate lui-même que l'administration bruxelloise a biffé de ses registres la protestation qu'elle avait formulée contre ce décret pour ne pas être cassée, comme celle de la ville *libre* de Louvain. Du reste, il n'y avait plus à douter : les administrateurs provisoires, nommés par le *peuple souverain* de la Belgique, étaient aux ordres des agents du gouvernement français (1).

Le moyen dont usaient ces derniers pour peser sur les administrations provisoires des villes belges résidait dans la formation de sociétés *populaires* parmi lesquelles brillait au premier rang la *Société des vrais amis de la liberté et de l'égalité;* ces assemblées étaient composées en majorité de Français qui y faisaient prévaloir leurs idées; le nombre des indigènes qui fréquentaient ces réunions et qui, souvent, le faisaient par crainte de voir suspecter leur civisme, alla toujours diminuant; au 11 février, il y avait à peine *douze* Belges qui assistassent habituellement aux séances du club bruxellois (2). Ce fut cette célèbre *Société des vrais amis*

(1) Voir l'ouvrage de Borgnet, déjà cité, t. II, page 165.
(2) Voyez Borgnet. T. II, page 147.

de la liberté et de l'égalité qui força, *le sabre au poing*, les administrateurs provisoires de la ville de Bruxelles, de retirer leur protestation contre le décret du 15 décembre.

C'est de la province du Hainaut — disons-le à sa gloire — que partirent les premières réclamations contre le fatal décret. Déjà ses représentants avaient obtenu de la Convention la modification de l'article 3 qui excluait de l'éligibilité la majorité des citoyens belges; nous les voyons, peu de jours après, reparaître à la barre de l'Assemblée française pour y déposer l'adresse votée par leur assemblée dans la séance du 21. Voici ce document remarquable qui stigmatise, en paroles dignes et pleine de patriotisme, l'attentat qui venait de soulever en Belgique une si profonde et si légitime indignation :

« Représentants de la nation française, nous le disons avec « orgueil, avec confiance, le peuple Belgique est mûr à la liberté... « Cependant une nation libre, une nation qui a consacré en « Europe les principes sacrés de la liberté, qui professe qu'elle « la respectera, qu'elle la protégera, qu'elle la propagera chez « tous les peuples, en enlèverait aux Belges, en ce moment, « l'exercice précieux ; elle l'usurperait, ou plutôt elle le délégue- « rait par droit de conquête à quelques individus, car comment « appeler autrement ce pouvoir révolutionnaire étranger qu'elle « nous annonce? Il sera à nos yeux, il sera aux yeux de l'Europe « entière, le pouvoir de la force...

« Généreux Français, nation fière et juste, rappelez votre « décret du 15 décembre, où vous parlez en vainqueurs, en maî- « tres, en souverains, lorsque de vous-mêmes vous décrétez la « cessation des impôts et de nos revenus publics; que vous mettez « sous votre main et que vous ordonnez la régie de nos biens « nationaux; que vous prononcez, autrement que par notre « organe, l'extinction de nos agrégations ou corporations politi- « ques; que vous prescrivez même la confiscation des propriétés

« particulières, ce que nos anciens despotes n'osaient pas faire, « lorsqu'ils nous déclaraient rebelles, et qu'ils nous traitaient en « rebelles (1)! »

Le président répondit à cette adresse par un discours à peu près inintelligible.

Les représentants de Namur marchèrent sur les traces de ceux du Hainaut et votèrent aussi, à la majorité de 207 voix contre 2, une réclamation à la Convention.

« La calomnie seule, » disaient-ils, « peut avoir arraché aux « oracles de la loi, aux protecteurs des opprimés, aux restaura- « teurs des droits de l'homme, ce décret terrible pour nous... « Vos généraux, en entrant dans chacune des provinces belgiques, « ont rendu hommage à cet enthousiasme des âmes belges; par- « tout ils ont vu, ils ont reconnu, ils ont applaudi l'ivresse de la « joie répandue sur tous les fronts; partout un peuple nombreux « s'offrait sur leur passage, les comblait de félicitations, et ne ces- « sait de témoigner tour à tour sa reconnaissance à ses libéra- « teurs, et son attachement à la liberté et à l'égalité.

« Ces vœux pour la liberté et l'égalité s'étaient déjà annoncés « d'une manière non équivoque dans le temps même où, gémis- « sant encore sous le fer du despotisme, nous osions à peine lever « les yeux vers le soleil qui avait fait éclore chez nous ces deux « dons inappréciables.

« Tel est ce peuple, tels sont ses sentiments intimes, et c'est « cette nation que l'on ose traduire, à la face de l'Europe, dans le « sanctuaire d'où émanent les oracles de la liberté et de l'égalité, « comme susceptible de sacrifier au despotisme le bien qui faisait « depuis si longtemps le seul objet de ses brûlants désirs!

« Ce n'est pas, législateurs, que votre décret ne contienne des

(1) *Procès-verbaux des représentants du peuple souverain de Hainaut*, n° 31, 21 décembre 1792.

« vues sublimes, émanées de votre sagesse : Nous sentons la « hauteur des principes que vous y consacrez, mais après tout il « est *injonctif;* nous ne pourrons jamais vous dire :

« Ce sont nos vues, ce sont nos principes; vous nous priveriez « de la jouissance du caractère le plus sacré de la souveraineté et « de la liberté, celui de n'obéir qu'à elle-même, celui de ne suivre « que sa propre impulsion et de se devoir sa félicité et sa gloire. « Vous fûtes, vous êtes jaloux de la vôtre; laissez-nous donc « chérir aussi le bienfait que nous vous devons (1)! »

« Nous nous abstiendrons» disaient les représentants d'Anvers, « de l'examen des différents articles qui forment ce décret; nous « nous contenterons d'observer que, *fût-il parsemé de bienfaits,* « *il n'en serait pas moins attentoire à la souveraineté du peuple* « *belgique...* Cette souveraineté est une, indivisible, elle ne peut « être morcelée; c'est des représentants de la nation seuls que « peuvent émaner les décrets qui la concernent, et tout pouvoir « étranger qui chercherait à empiéter sur un droit aussi sacré, « ne serait pas un pouvoir révolutionnaire, mais un pouvoir « tyrannique (2)! »

« Vous avez publiquement avoué » disaient à leur tour les représentants de Louvain, « *que nous tenons notre souveraineté* « *de la nature, que nous ne pouvons la tenir de vous :* de quel « droit donc pourriez-vous vouloir nous priver aujourd'hui de ce « que la nature seule nous a donné? Vous connaissez mieux que « nous la maxime incontestable, que toute souveraineté est une, « indivisible : de quel droit donc pourriez-vous vouloir entraver « et morceler la nôtre, en vous en réservant l'exercice pour un « temps indéterminé (3)? »

(1) *Procès-verbaux des séances des représentants provisoires du peuple souverain du pays de Namur*, n° 25, 30 décembre 1792.

(2) *Dag-registre van de provisoire représantanten van het vry ende souveryn volk van Antwerpen*, page 129.

(3) *Adresse des représentants provisoires du peuple libre de la ville de Louvain, à la Convention nationale de France.*

« Quoique vos inférieurs en force, » disaient aussi les représentants de Malines, « nous sommes libres et vos égaux en droit. « C'est à vos armées victorieuses que nous sommes redevables « de ce bienfait; nous croyons donc que la reconnaissance et « les engagements qui lient vos intérêts aux nôtres, nous font « une loi de vous parler, non pas avec ce ton timide qu'opposait « autrefois la raison sans force à la force sans raison, mais avec « la franchise et l'énergie qu'inspirent l'amour de la liberté et « l'horreur du despotisme... Nous n'avons pu nous persuader que « le décret dont il s'agit pût émaner de vous, parce que nous « l'envisageons comme injuste, oppressif et destructeur; nous « vous présentons ces motifs pour vous engager à le révoquer. « Nos droits sont clairs, l'équité de nos réclamations évidente, et « nos titres incontestables; c'est ce qui nous convainc que vous y « déférerez, *et qu'étant supérieurs en force, vous ne nous céderez* « *point aux yeux de l'Europe entière, le glorieux avantage d'être* « *vos supérieurs en raison* (1). »

Les représentants de Tournai jugèrent inutile de réclamer contre le décret; le meilleur moyen d'en paralyser l'effet leur parut être la réunion du peuple en assemblées primaires; mais l'autorité militaire s'opposa à la mesure, par le motif, que le décret déléguait pour la première fois aux généraux la convocation des assemblées primaires. Les seules pièces que fournisse à à ce sujet la collection des actes de l'assemblée du Tournaisis, sont une circulaire pour l'exécution du décret, et la copie d'une protestation donnée aux deux députés que les représentants de Bruxelles envoyèrent aussi à la Convention; nous y trouvons la recommandation d'insister sur le motif suivant :

« Faites valoir à la nation française, que l'exécution de ce

(1) *Extraits des résolutions des représentants provisoires du peuple souverain de Malines*, in-folio.

« décret lui serait nuisible et à nous, parce qu'elle ouvrirait un « vaste champ à nos ennemis communs et aux ennemis de notre « liberté et de notre indépendance, pour multiplier et déployer « contre nous mille moyens puisés dans les dispositions de ce « décret, et qu'il nous serait d'autant plus difficile de déjouer les « tentatives de ces ennemis, qu'ils prendraient pour prétextes de « leurs démarches, de nous délivrer de l'assujettissement dans « lequel nous nous trouverions par l'exécution de ce décret (1). »

Bruxelles, réclama également : l'assemblée des représentants adopta donc une adresse dont elle chargea deux de ses membres qu'elle envoya en députation à Paris.

« Législateurs de la France, nous sommes des républicains « belges et c'est à des républicains français que nous écrivons; « ce grand caractère qui nous est commun, n'admet d'autre lan- « gage que celui de la franchise et de la véracité. Nous avons lu « le décret du 15 de ce mois, provoqué et surpris à la Conven- « tion nationale, sur le rapport du citoyen Cambon, au nom des « comités diplomatique, des finances et militaire réunis; et ce « décret est un attentat contre la souveraineté belgique.

« Dans plusieurs circonstances la Convention à reconnu elle- « même cette souveraineté, et il ne lui appartient pas de se « déclarer pouvoir révolutionnaire, alors que le peuple belge à « manifesté sa volonté en se choisissant des représentants.

« Ce serait établir une aristocratie nationale, décréter qu'il « existe des nations et des demi-nations, comme jadis il y avait « dans le paganisme des dieux et des demi-dieux. Si les français « ne sont que nos frères, nos alliés, nos amis, comme il n'y a ni « demi-justice, ni demi-liberté, ils respecteront les droits de la

(1) *Recueil d'ordonnances, proclamations, etc., pour le Tournaisis*, page 15. Voir pour toutes ces citations, l'ouvrage de M. Borgnet, déjà cité, *Hist. des Belges à la fin du* XVIIIe *siècles*.

« souveraineté des Belges, et ils rempliront notre attente, en con-
« tinuant les secours promis pour consolider la liberté belgique;
« ils nous aideront de leurs conseils et de leurs forces qui sont
« les seuls moyens que pratiquent l'amitié et la fraternité; mais
« des lois coercitives décrétées en France pour être exécutées
« dans la Belgique, des lois qui mettraient dans la dépendance
« de la république française la gestion même des représentants
« belges, ces lois n'offriraient que le langage impérieux d'un
« maître, d'un conquérant.

« La Convention n'aurait à dicter des lois à la Belgique, que si
« celle-ci refusait d'établir son gouvernement sur les bases de la
« souveraineté populaire. Législateurs, » disaient en terminant
» les représentants de Bruxelles, « voici notre profession de foi
« politique, elle est conforme au serment que nous avons tous
« prêté, en notre qualité de représentants provisoires; elle est
« conforme aux droits sacrés et inaliénables du peuple souverain
« belge, et nous osons croire qu'il n'est pas un seul Belge qui la
« démentira. La république française est et sera toujours l'objet
« immortel de la profonde admiration des Belges; elle sera celui
« de leur éternelle reconnaissance. Si les trésors des deux Indes
« étaient en leur pouvoir, en lui en offrant une fraternelle
« moitié, ils croiraient remplir leur devoir, et ils ne se croiraient
« pas libérés envers elle, parce que la moitie de leur sang lui
« appartiendra toujours pour un don aussi précieux que celui de
« la liberté. Les Belges n'ont pas ces trésors étrangers, et cepen-
« dant ils ne sont pas ingrats; mais nés avec le sentiment de la
« liberté, mais jaloux du droit de souveraineté dont la république
« française leur a reconquis l'exercice, ils ne seront jamais assez
« lâches pour se donner *volontairement* un maître. »

L'assemblée ajoutait en *Post-Scriptum*, qu'ayant eu postérieurement communication de l'adresse des représentations du Hainaut, elle y adhérait en tous les points. L'acte de protestation rédigé en conséquence de la décision prise, était conçu dans les termes suivants :

« L'assemblée des représentants provisoires de la ville libre de « Bruxelles, conformément au serment que chacun de ses mem- « bres à prêté, et conformément aux droits inaliénables du peuple « souverain de la Belgique, déclare protester formellement contre « l'exécution, en ce pays, du décret de la Convention nationale « du 15 de ce mois, comme attentatoire à la souveraineté « belge (1). »

Tandis que se produisaient avec une unanimité tout patriotique ces réclamations qui prouvaient clairement que la Belgique ne voulait à aucun prix avoir un maître, les démagogues ne perdaient pas de temps et faisaient valoir ces énergiques protestations des citoyens belges comme l'œuvre des *aristocrates* ; aussi la Convention ne se prévalut-elle nullement du vœu universel des populations de la Belgique; le décret était porté, et son application pleine et entière devait se produire à tout prix.

Les communes belges avaient envoyé des députés à la Convention pour protester contre le décret; les clubs en envoyèrent à leur tour pour en réclamer l'exécution; le 9 février 1793, arrivèrent à la barre de la Convention deux députés de la société populaire de Bruxelles composée, comme nous l'avons dit, presque entièrement de Français; ils demandèrent à l'Assemblée qu'elle leur donnât les moyens de répandre dans les campagnes de Belgique une partie des sans-culottes qu'elle avait déjà formés, alléguant « que les habitants étaient prêts à les recevoir; » ils concluaient à l'annexion pure et simple à la république française.

(1) *Procès-verbaux des séances des représentants provisoires de Bruxelles*, n° 34, 24 décembre 1792.

L'annexion, adoptée en principe par la Convention, était à l'ordre du jour du club bruxellois ; rien n'est plus curieux à lire que les procès-verbaux de ses séances où se reflète fidèlement la pensée constante des Jacobins de Paris. On pourra juger, par quelques fragments de ces procès-verbaux (1), des moyens qui furent mis en œuvre pour sacrifier la Belgique.

Séance du 9 février 1793. Estienne (espion français, qui devint général des sans-culottes) « J'ai assisté aujourd'hui à un « dîner où il y avait des Belges, *non pas de ces Belges protestants* « *ou représentants,* mais de ces Belges *loyaux* que des fers et des « cachots n'ont pu abattre. Là nous avons bu *à l'heureuse réunion* « *départementaire de ces pays avec la France.* Citoyens, je pro- « pose que la société fasse incessamment une adresse à la Con- « vention nationale pour demander cette réunion départemen- « taire.......... Je ne crois pas que l'on saurait répéter trop « souvent cette demande ; *c'est le salut de la Belgique.* » (Nous avons vu plus haut que cette proposition fut adoptée.) Un autre citoyen, par un discours très énergique, *prouve* l'avantage et la nécessité de cette réunion départementaire. « Voulez-vous être « libres ? » dit-il, « demandez cette liberté à la France ; elle seule « peut vous en assurer la jouissance. Citoyens, hors de la France, « point de liberté, point de salut ! »

Le citoyen président **Nivet** produit les mêmes arguments et conclut en disant que « la France seule annonce partout aux « peuples qu'elle leur apporte paix, liberté, fraternité, égalité, « tandis qu'elle pouvait partout parler en maître, au moyen de « l'avantage que lui donnaient la supériorité de ses armes et la « justice de sa cause. »

Séance du 10 février. Le citoyen **Courtois** rend compte de l'esprit public (?) qui règne en Flandre. « Je ne le détaillerai

(1) *Journal de la Société des vrais amis de la liberté et de l'égalité.*

« pas, » dit-il, « car il est au dessus de toute expression. Les « *amis de la liberté et de l'égalité de Gand*, ainsi que tout *bon* « *citoyen* de Flandre, désirent la réunion à la France; ils ont « dit : cette réunion nous rendra heureux et dignes de la liberté. « Nous devons témoigner toute notre reconnaissance à la France « qui nous a délivrés de l'esclavage. Si la Flandre et le Brabant « sont pour le vœu de réunion à la France, alors *un commerce* « *florissant, un bonheur universel en sera la suite.* »

Séance du 23 février. Le citoyen **Lavalette** : « Gand a « voté sa réunion à la France, *le vœu le plus pompeux, et le plus* « *général s'est manifesté dans l'assemblée communale. Pas une* « *seule réclamation ne s'est élevée; l'église de Saint-Bavon était* « *à peine assez grande pour contenir tous les amis de la liberté,* « *tous les sans-culottes, tous les hommes qui veulent vraiment* « *être libre ou mourir.* » Nous verrons plus loin ce que fut en réalité la manifestation de ce vœu pour la réunion à la France; mais poursuivons.

Séance du 25 février. Le citoyen **Marquette** s'étend avec énergie sur les avantages résultant de la réunion, et prouve que la Constitution française *va faire le bonheur de la Belgique.*

Séance du 27 février. Le citoyen **Gossuin**, commissaire de la Convention : « La seule reconnaissance que la France exige de « vous, c'est que vous demeuriez libres.... *C'est en fréquentant* « *avec assiduité les sociétés populaires* que vous acquerrez les « grandes connaissances sur vos véritables intérêts et sur les « principes de ceux auxquels vous accorderez votre confiance « pour administrer. »

Le citoyen **Merlin**, autre commissaire de la Convention : « Vous êtes français par l'effet de votre volonté souveraine; « je ne dois voir, je ne vois en vous que des frères, et je

« m'empresse de venir les embrasser. Citoyens, trop long-
« temps, *vous avez été les jouets d'une poignée d'ambitieux;*
« vous allez enfin jouir des droits de l'homme dans toute leur
« pureté, etc. »

Séance du 5 mars. Le citoyen **Lejeune** démontre *victorieusement* les avantages qui doivent résulter pour les Belges, de la réunion avec la France. Le citoyen **Ranquin** ajoute que la réunion seule peut les mettre désormais à l'abri des embûches de leurs ennemis. Le citoyen **Chepy**, commissaire de la République, dit à son tour, « que la Convention nationale n'acceptera pas l'offre de la réunion avec la France, si on ne lui envoie des commissaires pour le solliciter; » tant la Belgique avait à gagner à l'insigne faveur que voulait bien lui faire la république en daignant accepter le sacrifice de sa nationalité!

Séance du 18 mars. Le citoyen **Lorenzo** dit que par cette réunion, « la Belgique entre en communauté de tous les avan-
« tages que possède la France; Belges, » dit-il, « vous n'aviez pas
« des forces navales; *la France vous offre une marine formida-*
« *ble, des ports nombreux, de riches colonies. La France appelle*
« *vos députés dans le sein de la Convention nationale; elle vous*
« *invite à venir travailler à la formation de ses lois en propor-*
« *tion égale à ses autres départements. Quelle nation s'est jamais*
« *conduite avec plus de générosité?* Quand les despotes, quand
« les Romains eux-mêmes ont conquis des provinces, ils désar-
« maient les peuples, ils les tenaient sous le joug. Les Français
« vous disent : nous avons chassé vos tyrans, nous ne vous
« demandons pour prix de ce bienfait que de fraterniser avec
« nous! »

Séance du 20 mars. Le citoyen **Dufrenne** se plaint de ce que la France supporte seule les frais de la guerre, et demande l'établissement de nouveaux impôts en Belgique; ainsi que le citoyen **Lorenzo,** il prétend « que si la France ne veut pas « demander, il *est de la gloire des Belges d'offrir des secours à* « *leurs libérateurs.* »

Ces quelques citations suffiront, pensons-nous, à caractériser les opérations du club sans-culotte fondé à Bruxelles; comme l'on a pu en juger par les noms des orateurs, l'élément indigène y était complétement nul. Ce qui ressort le plus clairement de l'examen de ces procès-verbaux, c'est que le principal moyen d'action des jacobins de Bruxelles résidait dans l'abus des phrases sonores et des vaines promesses; en un mot, il se jouait en Belgique une infâme comédie dont le peuple belge devait finir par payer chèrement les frais.

Tandis que la *Société des vrais amis de la liberté et de l'égalité* se livrait à ses déplorables travaux, les commissaires nationaux préparaient, de leur côté, l'annexion des provinces belges, en traitant haut la main cette question résolue d'avance, nous l'avons déjà dit. Le 3 février ils se réunirent à Bruxelles pour décider cette question :

« La Belgique doit-elle être réunie à la France? » L'affirmative fut résolue à l'unanimité sauf une abstention. Il serait regrettable de ne pas connaître l'opinion que les proconsuls de la république émirent individuellement, à l'appui de leur vote; aussi croyons-nous devoir en donner des principales d'entre elles un résumé qui, pour être succinct, n'en sera pas moins utile, au point de vue des enseignements qu'il renferme. »

Publicola-Chaussard. « Je vote la réunion dans l'intérêt des « deux peuples; je la vote par tous les moyens de l'obtenir, ceux « de fraternité, ceux même du despotisme de la raison qui ne « s'exerce que pour le bonheur des hommes. On m'oppose le

« vœu du peuple; *le vœu d'un peuple enfant ou imbécile serait*
« *nul, parce qu'il stipulerait contre lui-même* (1). »

Robert. « Je vote la réunion entière et absolue de toutes les
« provinces de la Belgique, par toutes les voies de la conciliation,
« de la persuasion et de puissance révolutionnaire; et ce vote
« est fondé sur le plus grand avantage des deux peuples. »

Rigaut. « Je vote pour la réunion de toute la Belgique à la
« France, parce que je la crois très nécessaire aux deux peuples
« *et plus particulièrement à la république française.* »

Bonnement. « Je vote pour que la réunion de la Belgique
« s'opère par tous les moyens de persuasion et de fraternité pos-
« sibles. »

Chépy. « Je vote pour que la réunion de la Belgique à la
« république française soit opérée par la puissance de la raison,
« par les touchantes insinuations de la philanthropie, de la fra-
« ternité, et par tous les moyens de tactique révolutionnaire : et
« au cas que nos efforts soient infructuenx, et que l'on continue
« à nous opposer le système désespérant de la force d'inertie,
« j'estime que le droit de conquête, devenu pour la première fois
« utile au monde et juste, doit faire l'éducation politique du
« peuple Belge, et le préparer à de brillantes et heureuses des-
« tinées. »

Gouget Deslandes. « J'estime que l'intérêt de la république
« française, que celui de la nation Belgique, ne peuvent être
« organisés utilement que par la réunion des deux peuples; j'es-
« time que le seul moyen de pouvoir asseoir et assurer la liberté
« dans le pays belge est encore la réunion; j'estime que le seul
« moyen de préserver ce pays d'une oppression incalculable, soit
« dans la perte de ses habitants, soit dans la ruine de ses

(1) *Procès-verbal de la conférence générale qui a eu lieu entre les commissaires envoyés dans les différents arrondissements de la Belgique, réunis à Bruxelles, 3 février* 1793.

PUBLICOLA-CHAUSSARD, *Mémoires politiques et historiques sur la révolution de la Belgique.*

« finances, est encore la réunion; que les dépenses continuelles « dans lesquelles les Belges seraient nécessairement entraînés « par la solde de toutes les troupes que la nation française serait « forcée d'y entretenir, deviendraient par la suite vexantes pour « ce même peuple.

« Je considère de plus que la constitution même que le peuple « belge pourrait se donner sous la protection de la république « française pouvant être changée par des révolutions qu'on ne « peut prévoir, il est d'un intérêt majeur pour les deux peuples « d'y pourvoir dès à présent par une réunion.

« J'estime que tant que cette réunion ne sera pas prononcée, « le territoire de la Belgique peut être éternellement le théâtre de « la guerre; que ce domaine ne pourra, politiquement parlant, « cesser d'être l'objet des espérances des puissances qui l'ont « opprimé, que lorsque la réunion sera votée et opérée.

« En conséquence, dans ma conscience politique, et marchant « par devoir au delà des instructions que j'ai reçues, je pense « que par tous les moyens d'une tactique révolutionnaire, nous « devons tendre tous à opérer la réunion, en observant de ne « compromettre jamais nos fonctions administratives et exécu- « tives par aucun acte public. »

Il serait impossible, croyons-nous, d'unir plus de violence à plus de fourberie; d'abord, on se demandera de quel droit des commissaires étrangers votent l'annexion de la Belgique qui ne leur appartient pas; ensuite on remarque que tous les moyens sont jugés bons pourvu qu'ils soient efficaces, tandis qu'il est formellement déclaré que les Belges, dont il s'agit, n'ont pas voix au chapitre. Un commissaire estime que l'intérêt de la république exige l'annexion; c'est franc, mais assez cavalier; un autre va jusqu'à prévoir l'imprévu, et vote l'annexion, *par esprit de prévoyance et pour donner des garanties* à la république; cependant il croit devoir conseiller à ses collègues d'être prudents et de se soustraire à toute responsabilité en ne posant aucun acte public qui puisse les compromettre.

Les commissaires ne négligeaient aucun moyen propre à aider à l'accomplissement de leurs projets d'annexion. Publicola-Chaussard l'avoue dans sa lettre sur la situation d'Anvers, adressée au ministre des affaires étrangères, le 9 mars 1793 (1). « Nous nous « sommes occupés, » dit-il, « d'alimenter l'esprit public de tous « les moyens qui étaient entre nos mains. Nous avons évangélisé « partout; sur les places, au club, aux estaminets, au théâtre. « Nous n'avons négligé aucun de ces ressorts puérils en appa- « rence, mais dont s'empare le philosophe, et toujours puissants « sur une multitude grossière. Les murs ont été couverts d'affi- « ches instructives, les endroits publics ont retenti des hymnes à « la liberté et de nos chants civiques; nous avons louvoyé surtout « avec le fanatisme; nous avons voulu élever le bas clergé contre « le haut clergé, et tuer ainsi le sacerdoce par le sacerdoce. »

Ce même Publicola-Chaussard, dans une lettre adressée aux commissaires de la Convention à Douai, établit clairement la situation; ce document indique à suffisance de preuves ce qu'était devenue la souveraineté du peuple devant les émissaires de la république :

. . . .

« L'administration provisoire, » dit-il, « qui est en pleine « insurrection contre les principes français, qui d'ailleurs a pro- « testé deux fois par des actes publics contre les décrets du 15, « sera cassée aujourd'hui.

« Une mesure de sûreté générale et dont je vous rendrai « compte par ma première dépêche, sera prise en même temps; « j'y suis autorisé par des pouvoirs que m'ont confiés vos col- « lègues.

(1) Publicola-Chaussard, *Mémoires historiques et politiques*, etc.

« L'administration sera aussitôt remplacée par une commission « provisoire, en annonçant au peuple que les assemblées pri- « maires seront incessamment convoquées. Je réponds des « hommes que je placerai à la tête de cette commission. »

. . . .

« *Nous pouvons vous répondre que le vœu de la réunion sera « prononcé sans obstacle;* mais il ne faut pas dissimuler que « le plus grand de tous est dans l'autorité même qui devrait la « protéger, etc., etc. »

Ce Chaussard, personnage fort intrigant, était doué de toutes les qualités nécessaires au bon accomplissement de sa mission. Il était surtout fort adroit. Qu'on en juge par les passages de la proclamation qu'il adressa, le 28 février 1793, à ces mêmes habitants d'Anvers qu'il savait si bien évangéliser.

..... « *Ils vous ont dit que le seul intérêt de la France provo- « quait la réunion.* L'intérêt de la France!... Et ne voyez-vous « pas que seule, forte de sa masse, colosse inébranlable, la « France porte dans les airs un front chargé de triomphes, et lève « sur le monde vingt-cinq millions de bras libres. *Elle accroît il « est vrai, son territoire d'un département, mais le vôtre s'ac- « croît de 86 départements.* Le commerce de la Flandre française « reflue tout entier dans votre Flandre. C'est sur vos frontières « que la France alors place ses forts, et ses soldats plus redouta- « bles que les citadelles. Anvers devient le théâtre de l'abon- « dance, l'entrepôt des relations commerciales, la filière de « nos richesses, l'atelier de notre luxe et pour ainsi dire, la « grande manufacture de la prospérité nationale (1). »

Nous avons dit, en commençant, que l'intrigue est plus dangereuse pour l'indépendance d'un pays libre, que la force brutale

(1) Publicola-Chaussard, *Mémoires historiques et politiques*, etc.

elle-même; c'est en se servant d'arguments spécieux comme ceux de Chaussard que l'on étouffe le patriotisme en feignant de l'exalter. Les avantages que la Belgique devait, d'après Chaussard, retirer de la réunion à la France, ressemblent à ceux du chien de la fable, auquel le loup, dans sa sagesse, préférait sa liberté.

Lorsque le terrain fut convenablement préparé, on joua le dernier acte de la comédie. La principauté de Liége, où dominaient les idées démocratiques, s'était, de bonne foi, ralliée au programme de la république française et, dès le 23 décembre 1792, elle proclama les droits de l'homme et sa volonté d'être annexée à la France. C'est ce qui explique l'absence, en ce pays, de la terreur qui s'exerça dans toutes les autres provinces belgiques. Or, il fallait obtenir un vœu d'annexion général, malgré les protestations des administrations provisoires des villes belges; c'était chose difficile; pourtant cela se fit.

La première de ces protestations était partie de Mons; par une coïncidence assez remarquable, ce fût de Mons que partit, six semaines plus tard, la première demande d'annexion. Voici la manière dont s'opérèrent, en général, les vótes en faveur de la réunion à la France :

Les commissaires assemblaient le peuple dans les églises, sans aucune forme régulière. Un commissaire français soutenu par le commandant militaire, par des soldats, par des clubistes français et belges, lisait l'acte d'accession, que souvent personne ne comprenait, non plus que sa harangue. Les assistants signaient cet acte, la plupart en tremblant; on imprimait ces pièces, et on les envoyait à la Convention, qui, sur-le-champ, créait un département de plus (1).

« Tout ce que nous voyons, » disent, dans leur rapport, les commissaires de la Convention, « nous assure que le sang coule« rait dans ces assemblées, si une grande force ne venait contenir

(1) *Mémoires de Dumouriez.*

« les *malintentionnés.* » Merlin, après avoir signé cette pièce, osa, dans son rapport sur la loi du 9 vendémiaire, an IV, dire que l'on avait voté librement (1) !

Ce fut le 11 février 1793 que les Montois jouèrent malgré eux la mauvaise parade qui devait les livrer à l'étranger; l'affaire fut rondement menée; cent ou cent cinquante membres de la *Société des vrais amis de la liberté et de l'égalité* se tenaient dans l'église Sainte-Waudru, armés jusqu'aux dents; un orateur attacha — comme l'on dit vulgairement — le grelot; au premier mot de réunion, toute cette tourbe se mit à vociférer; les honnêtes gens qui se trouvaient là essayèrent de discuter, mais les jacobins tombèrent sur eux, les chassèrent à coups de sabre, puis votèrent l'annexion, à l'*unanimité.*

Dix jours après, ce fut le tour de Gand; comme les opérations y étaient dirigées par le général Ferrand, le même qui avait présidé au grabuge de Mons, les anti-réunionistes ne se soucièrent pas d'y prendre part; il ne se rendit donc à l'église de Saint-Bavon qu'un petit nombre de citoyens appartenant presque tous à la *Société populaire.* Un pamphlet flamand renferme à cet égard des détails assez curieux. « Les votants, tous de la lie du peuple (*uyt het schuym des volks.*) » dit-il, « étaient 150 environ, y compris « 59 individus qu'on venait de faire sortir de la maison de correction; après quelques pourparlers, on fit choix pour président « de l'avocat Meyer (président du club), et on l'envoya quérir par « le cordonnier Tuyttens. Il était prévenu de ce choix, sans « doute, car on le trouva sur le seuil de sa maison, occupé à « verser du genièvre à la canaille (*alrede bezig was met genever* « *te schenken aen het grauw voor zyne deure*). A son arrivée, le « président s'assit sur le siége épiscopal, à droite de la chaire, et « un commissaire du conseil exécutif prononça un discours sur « l'excellence de la constitution française. Le président voulut,

(1) Voir Borgnet, *Histoire des Belges*, etc.

« pour la forme, essayer quelques représentations; mais il avait « à peine ouvert la bouche, que ses partisans s'écrièrent : Oui, « citoyen Meyer, oui. On déclara alors que la nation flamande « s'était prononcée en faveur de la constitution française, et « demandait à former un département de la république. Une « députation, composée des citoyens Vanderlinden, Canoodt, de « Neck de Bruxelles, et Vandesteene de Bruges, fut élue pour « transmettre ce vœu à la Convention, et la comédie était si bien « préparée d'avance par les commissaires nationaux, que les « députés se mirent en route le jour même après midi. »

Pour donner à tout cela une apparence d'assentiment populaire, les soi-disant amis de la liberté et leurs partisans firent sonner toutes les cloches, et forcèrent les habitants à illuminer, en menaçant de piller leurs maisons ou de briser leurs vitres (1).

Bruxelles était la ville où régnaient les sentiments les plus anti-français; on désirait donc, autant qu'on le craignait, y faire également exprimer le vœu d'annexion. Le lendemain de la belle équipée de Gand, le peuple de Bruxelles et de la banlieue fut convoqué à l'église Sainte-Gudule. La *Société des vrais amis de la liberté,* fit élever sur plusieurs places de la ville des tentes où se distribuaient *gratis* des rafraîchissements et des comestibles, qui furent dédaignés par la foule. Les bourgeois se gardèrent bien d'aller à Sainte-Gudule, et les sans-culottes qui s'y trouvaient, armés de piques et de sabres, empêchèrent même des annexionnistes d'y pénétrer. Un colonel français, Lavalette, ouvrit la séance par un discours où il annonçait au peuple qu'il s'agissait d'opter entre la liberté et l'esclavage; qu'il l'engageait à poser *librement* et avec courage le premier acte de sa souveraineté. Un autre Français, Gouchon, se mit à faire valoir les avantages de la réunion pour la Belgique, mais les vociférations de la foule l'empêchèrent de continuer. Lavalette demanda alors quel mode

(1) Ad. Borgnet, *Histoire des Belges à la fin du* XVIIIe *siècle*, tom. II, p. 223.

d'élection elle voulait adopter : « Par acclamation, » fut-il répondu. Au sortir de la cérémonie, toute cette canaille se répandit dans les rues de la ville et détruisit tout ce qui pouvait rappeler encore l'ancien régime; tableaux, statues, œuvres d'art de tout genre furent réduits en poussière par ces Vandales, sans que l'autorité s'émût le moins du monde de leurs ignobles excès.

Namur fut le dernier chef-lieu qui vota la réunion. Son assemblée provinciale, complétement annexioniste, émit ce vote à l'unanimité, le jour même de son installation; mais le conseil municipal de la ville était composé d'éléments entièrement opposés et devait offrir une vive résistance au coup que l'on méditait. Dans le but de la déjouer, on lança une proclamation pleine de menaces contre les *traîtres,* etc., etc., et annonçant qu'un registre allait être ouvert, registre où l'on invitait les habitants à apposer leurs noms.

La municipalité envoya deux députés aux commissaires nationaux pour savoir ce qu'était ce registre; on le leur montra et ils y virent que chaque signataire, après avoir adhéré aux décrets de la convention, renoncé à tous priviléges et prérogatives, prêté serment à la liberté et à l'égalité, demandait la réunion de Namur à la France. La municipalité voulut d'abord envoyer sa démission en masse, mais agit plus sagement en revenant sur cette résolution.

Le registre ne se remplissait pas. Un arrêté sur la destruction des derniers vestiges de la féodalité ayant été lancée, on chargea de l'exploiter la compagnie des sans-culottes qu'Estienne était venu organiser tout récemment. Les exploits de ces bandits ayant engendré une terreur universelle, les commissaires publièrent une proclamation qui finissait par ces mots : « La république saura dis-
« tinguer, *parmi ceux qui auront refusé d'émettre leur vœu sous*
« *le plus bref délai*, les amis, fauteurs, adhérents et complices de
« la maison d'Autriche; ils seront notés comme traîtres à la patrie,
« perturbateurs du repos public, et sévèrement traités comme
« tels. »

La municipalité, vaincue, céda.

Le 2 mars, au matin, les commissaires déclarèrent que le registre serait fermé le même jour à deux heures, heure à laquelle les citoyens étaient convoqués à la cathédrale « pour sanctionner, comme souverain, le vœu individuellement émis par chacun d'eux. » La proclamation disait, en parlant des citoyens qui ne s'étaient pas encore présentés : « Nous serions fâchés de les priver « du plaisir d'inscrire leurs noms, et qu'ils s'exposassent à être « considérés comme traîtres à la patrie et punis comme tels. »

La séance eut lieu, et la réunion y fut votée par levée des chapeaux; mais comme on ne s'était pas même donné la peine d'élire un bureau, on demanda à la municipalité de se charger de la rédaction du procès-verbal, elle refusa, disant que, comme ses membres n'étaient venus qu'à titre individuel à cette assemblée qui n'était pas convoquée par elle, ils n'avaient pas à s'occuper de la chose, qui ne les concernait pas (1).

Dans les autres localités du pays se passèrent des scènes analogues; dans des villages où l'on faisait passer les votants à droite ou à gauche, selon leurs opinions, les opposants rencontrèrent un mur de baïonnettes. A Enghien, où l'on n'avait pas cru devoir prendre tant de précautions, le commissaire faillit être tué, et ne racheta ses jours qu'en signant un procès-verbal constatant que la réunion avait été repoussée à l'unanimité; à Grammont, le Jacobin Charles Sans Chemise, qui avait mission d'enlever le vote, fut laissé pour mort sur la place (2).

Comme nous l'avons dit, le vœu de réunion de Bruxelles était impatiemment attendu; aussi les commissaires de la Convention se hâtèrent-ils, pour envoyer à Paris une expédition du procès-verbal de la séance, au point que quarante-huit heures après, la Convention put en ordonner le renvoi au comité diplomatique. On présenta en conséquence, un décret qui fut adopté séance tenante et

(1) Voy. Borgnet, *Histoire des Belges*, etc.
(2) Voy. Borgnet, *Histoire des Belges*, etc.

à l'unanimité, et qui consacrait le vœu *librement* émis par le peuple souverain de Bruxelles, pour sa réunion à la république française.

Dans cette même séance, on décréta réunion sur réunion; on y mit une telle célérité que les naïfs députés belges envoyés à la Convention, étaient éblouis « de la manière dont les législateurs « de la France allaient vite en besogne. »

La force des armes devait renverser, du moins pour quelque temps, l'édifice si laborieusement élevé par les intrigues des Conventionnels. Les Autrichiens ayant repris possession de la Belgique, y furent considérés, non plus comme des oppresseurs, mais comme des libérateurs, tant le régime français avait été goûté dans les provinces, spontanément, les populations belges votèrent une somme de cinq millions à l'empereur d'Autriche, pour l'aider à subvenir aux frais de la guerre contre la république française.

Les Autrichiens chassés de nouveau par les Français, nous n'en retombâmes que plus complétement au pouvoir de ces derniers. La première chose que l'on fit, puisque désormais la Belgique était terre française, fut de donner cours forcé aux assignats; pour donner une idée de la manière dont on s'y prit, qu'il nous soit permis de citer encore la proclamation de Publicola-Chaussard aux citoyens composant l'administration du pays de Liége :

« Citoyens,

« Je viens au nom du salut public vous entretenir d'une « mesure commandée par la raison, *par votre intérêt même*, et « par la nécessité.

« Déjà une administration voisine a eu l'initiative de cette « mesure. L'administration de Dinant a proclamé l'injonction à « tous les habitants de sa banlieue :

« De recevoir le papier-monnaie de France au pair avec le

« numéraire, *à peine, contre ceux qui ne s'y conformeront pas,*
« *d'être poursuivis comme traîtres à leur pays.*

« Je ne répéterai pas que ce papier, hypothéqué sur des fonds « immenses, *solennellement garanti par la loyauté française* et « dont le gage s'accroît tous les jours des dépouilles du despo- « tisme et de la superstition, présente à la confiance des bases « inattaquables.

« Je ne répéterai pas que bien différent du papier de banque, « l'assignat, au lieu d'une valeur de fiction et de crédit, offre une « valeur solide et de chose; que notre papier-monnaie enfin est « en quelque sorte un papier-terre, un papier qui représente *des* « *arpents qui circulent.*

« Citoyens, la France, votre nouvelle patrie adoptive, est là et « vous regarde !

« Les armées de la république attendent ce bienfait; que dis-je? « cette justice. Le dénuement des troupes françaises et liégeoises, « ce dénuement qui arrache des larmes qui semblent calomnier « la providence nationale, tient à la perte dont la malveillance, « *l'égoïsme et des intrigues perfides ont frappé l'assignat.*

« Les amis de la liberté et de l'égalité invoquent votre déci- « sion; ils sentent que le système du papier-terre est lié au « système de la liberté, et que l'assignat doit faire le tour du « globe avec la cocarde tricolore.

« Citoyens, que ces considérations puisées dans la politique, « dans l'humanité, dans la justice, vous touchent; *songez surtout,* « *songez à la gloire qui vous attend,* si vous précédez dans cette « mesure le reste de la Belgique, comme vous l'avez précédé dans « la carrière de la liberté. Songez aux bénédictions que les « défenseurs de la patrie vous donneront. Je le répète, leur « dénuement tient au discrédit immoral, impolitique, injuste « qu'éprouve l'assignat; votre sensibilité s'émeut; je vous vois; « vous vous levez d'un mouvement spontané; vous prononcez par « acclamation que l'assignat sera reçu au pair de l'argent dans

« toute l'étendue de votre administration, et que quiconque le « refuserait sera déclaré infâme et traître à son pays. »

Nous ne savons que trop ce qu'il résulta, pour la Belgique, de ces paroles aussi fallacieuses qu'emphatiques; l'assignat avait perdu cinquante pour cent en France; nos sauveurs nous l'apportaient pour sa valeur nominale, et le marchand qui recevait pour une vente de dix francs un assignat de cent livres, avait à opter entre une remise de quatre-vingt-dix francs en bon argent ou l'abandon gratuit de sa marchandise; car l'on avait soin de ne pas envoyer en Belgique de petites coupures qui eussent pu servir de monnaie d'appoint. Au bout de ce système se trouvait, non *le commerce florissant et le bonheur universel* promis par les commissaires de la république, mais la ruine et la banqueroute. A ces ignobles menées vinrent se joindre les réquisitions. A Tournai, Labourdonnaye décréta un emprunt forcé d'un million de livres à fournir en *numéraire* endéans les trois jours, et qui devait être remboursé *aux termes, clauses et conditions que fixerait la Convention*, ultérieurement, cela va sans dire. Sta, l'homme d'affaires de Labourdonnaye, notifia d'abord au chapitre de la cathédrale qu'il eut à lui payer, le jour même, 370,000 livres pour sa part dans l'emprunt forcé, et à lui échanger, *au pair*, pour 15,000 livres d'assignats. Au bout de trois jours, et traités par la violence, les chanoines trouvèrent en tout 200,000 livres plus 13,000 qu'ils échangèrent contre des assignats. La ville de Bruxelles fut frappée d'une contribution de cinq millions, toujours en numéraire et payables endéans les vingt-quatre heures; en deux jours, on n'avait pu réunir que le dixième de cette somme, et le commissaire Laurent fit arrêter cent cinquante-deux des principaux habitants de Bruxelles, qui restèrent en prison jusqu'au paiement des quatre millions et demi restants, c'est à dire pendant deux mois.

Ostende eut à payer 80,000 livres, tandis que Gand et Bruges furent menacées d'exécution militaire pendant plusieurs jours, pour avoir refusé, l'une de livrer deux cent mille sacs de blé, l'autre de payer un emprunt forcé considérable.

Sta exigea des magistrats d'Ypres que leurs administrés déclarassent les biens d'émigrés français dont ils seraient détenteurs, sous peine de mort pour quiconque contreviendrait sous ce rapport et d'autres aux lois relatives aux émigrés. Il demanda en outre un tableau des corporations religieuses supprimées en Belgique depuis le règne de Marie-Thérèse. Le citoyen Malou, l'un des représentants d'Ypres, ayant refusé net, Sta déclara qu'il allait faire marcher cinq cents chevaux et deux cents pièces de canon pour enlever et transférer à la citadelle de Lille les magistrats d'Ypres avec leur conseil (1).

Les administrateurs de la *Verge* de Menin ayant objecté humblement que les travaux de l'agriculture souffriraient beaucoup de ce qu'ils devaient envoyer à Tournai trois cents chariots pour le service de l'armée, Sta leur répondit que les républicains n'aimaient pas les *chicanes*, et qu'au cas de refus ou de délai, ils seraient traités en fauteurs d'émigrés; nous venons de voir qu'il y allait de la peine de mort.

En somme, les contributions s'élevèrent pour tout le pays au faible total de 80 millions.

A ces exactions en numéraire venaient se joindre les réquisitions en nature; enfin au bout de trois ans, quand le pays était ruiné, épuisé, et que l'on n'y possédait plus que des assignats réduits de *quatre-vingt dix-neuf pour cent* de leur valeur, les magistrats de Bruxelles écrivaient à leurs oppresseurs :

« Quand vous nous aurez enlevé tous nos cuirs, tous nos plombs,
« toutes nos toiles, tous nos draps, sera-ce avec des assignats
« que nous ferons des souliers, des habits et des chemises?

(1) Voy. Borgnet, *Histoire des Belges*, etc.

« Sera-ce avec des assignats que nous recouvrirons nos toits?
« Mangerons-nous des assignats quand nous n'aurons plus de
« pain? Bientôt même nos ouvriers n'auront plus d'outils pour
« travailler, et si cela continue, il ne nous restera plus que des
« yeux pour pleurer, en attendant que la mort les éteigne! »

N'ayant pas voulu faire un livre d'histoire, nous avons nécessairement omis beaucoup de faits, n'ayant en vue que de retracer ceux qui sont de nature à faire apprécier en général les bienfaits de la réunion de la Belgique à la république française; c'est ainsi que nous n'avons pas parlé des événements secondaires; il nous eût, pour cela, fallu écrire un livre, et tel ne pouvait être notre but.

Là ne devaient cependant pas se borner les calamités qui accablèrent notre malheureuse patrie. Bonaparte, après la conquête de l'Italie, assura à la république la suprématie sur toutes les puissances européennes, qui durent courber la tête devant les résultats acquis; par le traité de Campo-Formio, François II dut renoncer pour jamais aux Pays-Bas, et, comme l'avait dit la Convention avec une triste éloquence, « les joies et les douleurs allaient désormais être communes aux Belges et aux Français. » Avons-nous besoin de retracer les sombres horreurs de l'épopée impériale, dont le souvenir est gravé en traits sanglants dans la pensée d'une génération qui n'est pas encore entièrement disparue! Malgré quarante années de progrès et de paix, c'est d'hier que datent pour nous les horribles saturnales de la mort, où la Belgique fut entraînée avec le reste de l'Europe; maints d'entre nous portent encore sur la poitrine la relique vénérée de cette époque qui rappelle avec la gloire de l'étranger l'asservissement et le deuil de la patrie.

Oh! s'ils devaient jamais revenir, ces jours où la Belgique râlait terrassée et sanglante sous le pied d'un despote espagnol, autrichien ou français; si jamais, forte de son droit à la vie des peuples libres, elle devait néanmoins courber la tête comme l'esclave sous le fouet d'un maître et abdiquer cette liberté qui fait son orgueil et sa gloire, pleurons! car avec elle disparaîtraient, non seulement la paix du monde, mais toutes les précieuses conquêtes de la civilisation et du progrès.

Nous avons une tribune où des voix éloquentes peuvent retentir encore pour répondre. « Jamais! » à quiconque suspecterait notre patriotisme et croirait que nous voudrions nous donner ou nous vendre à l'étranger; nous avons une presse, dont l'indépendance, il est vrai, à subi des atteintes cruelles, mais à laquelle il reste assez de puissance pour défendre énergiquement le drapeau du pays; nous avons une Constitution qui consacre tous les grands principes proclamés par la révolution de 1789 — dont l'invasion de 1792 nous apporta non les bienfaits, mais les calamités; nous avons tout cela, et nous y rénoncerions? Oh! quiconque pourrait le croire un seul instant, douterait de notre raison et de notre conscience, et si jamais nous devions perdre ces biens précieux, il faudrait qn'on nous les arrachât avec nos entrailles?

Loin de nous la pensée qu'aujourd'hui la Belgique puisse être sacrifiée encore à des sophismes, car elle a bu le lait fécond de l'indépendance et de la liberté; mais si la liberté a son progrès, le despotisme aussi a le sien comme l'art meurtrier de la guerre, et les chances d'une lutte entre le patriotisme d'une nation libre et les ressources d'une politique puissante et multiface, sont terribles, c'est assez dire qu'il faut s'unir et veiller, car l'union la plus étroite seule peut prévaloir contre cette diplomatie, vieille mais trop peu appréciée encore, qui divise pour régner.

Nous ne croyons pas, d'ailleurs, que nul, malgré le plus vif désir qu'il aurait d'attenter à notre indépendance, voulût se créer le tort d'attaquer par la force des armes la Belgique qui ne fait de mal à personne, et dont la neutralité est le gage de l'équilibre européen. Le seul danger qui pourrait menacer notre indépendance serait donc la rupture de cet équilibre, rupture qui peut maître, d'un jour à l'autre, de la force des événements, et dont la fausse bonhomie politique, toujours à l'affût des moments propices, pourrait tirer profit au détriment de notre nationalité.

Tout est donc problème dans la situation; mais la solution en dépendra en partie de nous-mêmes; timides et craintifs, nous tendons docilement le col au joug que l'on pourrait vouloir nous imposer; fermes et dignes, au contraire, nous montrerons à l'Europe entière que nous sommes des hommes librés et indépendants et que tels nous voulons rester; cette attitude sied à un peuple que César appelait le plus brave des Gaules.

C'est donc du patriotisme qu'il nous faut tout attendre, car lui seul peut nous sauver au jour du danger. A Dieu ne plaise que ce jour fatal se lève jamais sur la Belgique; mais s'il était dans nos destinées de voir jamais menacer notre liberté et notre indépendance, proclamons-le hautement à la face de tous les peuples, nos frères, nous les défendrions l'une et l'autre jusqu'à notre dernier soupir!

www.ingramcontent.com/pod-product-compliance
Lightning Source LLC
LaVergne TN
LVHW020249230826
846091LV00006B/2314
9782011782359